GUIDE SEXTIUS

ITINÉRAIRES ET NOTICES

MONACO, SAXON-LES-BAINS; FONTARABIE; SAINT-SÉBASTIEN & MADRID

EXPLICATION DE LA ROULETTE ET DU TRENTE & QUARANTE

AVEC UN MOYEN PRATIQUE POUR GAGNER

PRIX : 1 fr. 50 cent.

EN VENTE CHEZ TOUS LES LIBRAIRES

PARIS

AU DÉPOT CENTRAL DES ALMANACHS, RUE GARANCIÈRE, 10

DÉPOT A MARSEILLE

A l'Imprimerie Saint-Lazare, rue Fontaine-St-Lazare, 5.

1875

AVERTISSEMENT

Le succès obtenu par l'almanach de la Roulette, dont l'édition pour 1875 s'est écoulée d'une manière si rapide, nous oblige à faire cette nouvelle publication pour satisfaire aux demandes qui nous sont faites.

Cette nouvelle édition, dont nous avons revu et augmenté le texte et supprimé tout ce qui était étranger aux jeux, contient :

1· Une notice sur les villes d'eaux où sont actuellement établies des banques de jeux ;

2· L'explication du trente et quarante et de la Roulette avec les dessins ;

3· L'indication d'un moyen pratique pour gagner, basé sur le calcul et l'expérience.

L'explication claire et complète de la Roulette et du trente et quarante permet à tout le monde de s'en rendre compte par une simple lecture.

Le moyen pratique indiqué offre un avantage incontestable, et le succès est assuré à tous ceux qui le suivront exactement avec patience et persévérance.

L'année prochaine nous ferons de nouveau paraître l'almanach de la Roulette aussi complet que le précédent.

L'AUTEUR.

Juin 1875

N. B.— Les personnes qui voudront faire insérer des annonces dans l'almanach de 1876 sont priées de s'adresser à l'imprimerie avant le mois d'Octobre.

Prix pour l'année : Une page 50 fr. — demi page 25 fr.

Les annonces se payent d'avance par un mandat de poste ou autrement.

NOTICES & ITINÉRAIRES

MONACO, SAXON-LES-BAINS; FONTARABIE;
SAINT-SÉBASTIEN & MADRID

NOTICES ET ITINÉRAIRES

Monaco, Saxon, Fontarabie, Saint-Sébastien et Madrid.

MONACO

Monte-Carlo (principauté de Monaco), dans les Alpes-Maritimes, au bord de la Méditerranée, est à une demi-heure de Nice — à 8 heures de Marseille, — à 30 heures de Paris — à 7 heures de Gênes (Italie) : — chemin de fer de Paris-Lyon à la Méditerranée.

Station hivernale ; climat chaud l'hiver et tempéré en été par la brise de la mer. Forêts d'oliviers, de citronniers, orangers, caroubiers, palmiers, etc.

Bains de mer en été et en hiver, belle plage, grand établissement de bains ouvert touté l'année.

Beaux hôtels très-confortables, villas et maisons meublées à Monaco, à la Condamine, à Monte-Carlo et aux moulins.

Somptueux Casino ouvert toute l'année, belle terrasse dominant la mer, de laquelle, par un temps clair, on aperçoit la Corse.

Tir aux pigeons au bord de la mer, près du Casino.

Promenade à Menton par le pittoresque chemin de la Corniche. Ascension de la Turbie, ancienne ville romaine, sur la montagne, à une heure de Monte-Carlo.

La principauté comprend : l'ancienne ville de Monaco et le palais fortifié, bâtis sur un rocher qui s'avance dans la mer — La Condamine, ville nouvelle créée près du port. — Monte-Carlo, situé sur la hauteur où se trouvent le Casino et ses jardins, le grand hôtel de Paris et divers autres établissements. — Le quartier des Moulins, garni de coquettes villas ; — enfin, à quelques kilomètres, Roquebrune, ancienne ville bâtie sur le flanc de la montagne, près la mer, à mi-chemin de Monaco à Menton.

Le chemin de fer de Nice à Monaco, très pittoresque, longe la mer et passe sous quatorze tunels dans son court trajet.

Cette principauté est vraiment une merveille.

SAXON-LES-BAINS

Saxon-les-Bains, canton du Valais (Suisse), petite ville située dans la vallée du Rhône, entre Martigny et Sion, est une station du chemin de fer de la Suisse occidentale jusqu'au Simplon, dont le percement est projeté.

On arrive à Saxon par Genève, Lausanne, Vevey, Saint-Maurice et Martigny en chemin de fer, ou bien par les bateaux à vapeur du lac Léman jusqu'à Villeneuve ou le Bouveret, où l'on reprend la voie ferrée. En partant de Paris, on prend la ligne de Dijon, Pontarlier, Neufchâtel et Lausanne, ou bien celle de Dijon, Macon et Genève.

De Turin (Italie) on passe par le Mont-Cenis et Genève ; — de Milan, voie ferrée jusqu'à Arona, lac majeur, où l'on prend la diligence pour passer le Simplon (une journée) ; arrivé à Sierre, on retrouve la voie ferrée jusqu'à Saxon.

Saxon est à 3 heures de Lausanne, — 5 heures de Genève, — 7 heures de Berne, — 9 heures de Bâle , — 10 heures de Lyon, — 23 heures de Paris, — 24 heures de Marseille, — 18 heures de Turin, — 20 heures de Milan.

Saxon possède un établissement de bains renommé; — eau Bromo-iodurée, célèbre pour les maladies de la peau et les vices du sang.

Plusieurs hôtels confortables , villas et maisons meublées pour familles.

Un Casino ouvert toute l'année, trente-quarante et roulette, — Café-Restaurant attenant au Casino, — jolie Salle de Théâtre, — Jardins, — Musique deux fois par jour.

Promenade au moulin de Saillon, voir la cascade et la source d'eau chaude ferrugineuse.

Ascension de la Pierre-à-voir en six heures, à pied ou à dos de mulet, descente en traineau en une demi heure sans danger.

Excursion à la cascade de Pisse-Vache; — aux gorges du Trient ; — à la grotte des fées à Saint-Maurice — et au couvent du grand Saint-Bernard.

Dans toute cette contrée on est entouré de hautes montagnes au sommet desquelles la neige est éternelle.

Climat doux, s'approchant de celui d'Italie.

FONTARABIE

Fontarabie (Espagne), jolie ville située au bord de l'Océan, à quelques minutes d'Hendaye, ville française ; à une heure de Biarritz et une heure et quart de Bayonne.

On trouve à Fontarabie un élégant Casino dirigé par l'ancienne administration de Bade.

Fontarabie est un endroit délicieux ; l'hiver, il y règne une température aussi douce que celle de Nice, et en été le voisinage de la mer empêche les grosses chaleurs.

Bains de mer et distractions de tout genre comme jadis à Bade.

On y trouve, ainsi qu'à Hendaye, des hôtels à prix modérés et des maisons meublées confortables.

Le petit trajet entre Hendaye et Fontarabie se fait en bateau, en voiture, ou à pied par le bord de la mer, promenade très agréable.

On se rend dè Paris à Hendaye-Fontarabie en chemin de fer, par Orléans, Tours, Poitiers, Angoulême, Bordeaux, Bayonne et Hendaye, — trajet 18 heures.

En partant de Marseille, on passe par Arles, Lunel, Montpellier, Cette, Béziers, Narbonne, Carcassonne, Toulouse, Montréjean, Tarbes, Pau, Bayonne et Hendaye, — trajet 25 heures.

De Lyon, on passe par Gannat, Gueret, Limoges, Périgueux, Bordeaux, Bayonne et Hendaye, — trajet 27 heures.

Fontarabie, par sa position et son climat, sera le rendez-vous du monde élégant en toutes saisons.

SAINT-SÉBASTIEN

Saint-Sébastien (Espagne), ville de 12,000 habitants, située sur une presqu'île importante par son commerce, par ses fortifications et son port, est à une demi-heure de Irun, ville frontière française, et à trois heures de Bayonne ; on y arrive par la ligne du chemin de fer de Paris à Madrid.

On trouve à Saint-Sébastien des hôtels confortables, des maisons meublées, théâtres, cafés, ainsi que deux casinos avec roulette et trente-quarante.

On se rend de Paris à Saint-Sébastien en prenant le chemin de fer direct pour Bordeaux, Bayonne et Irun, — trajet 18 heures.

De Marseille, on passe par Cette, Toulouse, Bayonne et Irun, — trajet 27 heures.

De Lyon par Limoges, Bordeaux, Bayonne et Irun,
— trajet 28 heures.

Saint-Sébastien est à six heures de Pau, — huit heures de Bordeaux, — quinze heures de Toulouse.

Climat très-doux, beaux sites, vie agréable.

MADRID

On trouve à Madrid (Espagne), à la Puerta del Sol, **Le Cercle des Etrangers**, avec grands salons de conversation, de lecture et autres, les plus confortables et les plus élégants d'Espagne.

Les seuls où l'on trouve tous les journaux, revues et publications périodiques dans toutes les langues.

Mêmes distractions qu'autrefois dans les Casinos des bords du Rhin avec de plus grands avantages.

Grand Restaurant de la Perla, attenant au cercle, service entièrement français, à la carte et à prix-fixe, table d'hôte. — 15, carrera de San Gréronimo (Puerta del Sol), à Madrid.

Trajet en chemin de fer direct

De Paris à Madrid par Bordeaux et Bayonne   26 heures
De Marseille à Madrid par Toulouse et Bayonne   24 heures

EXPLICATION

DU

TRENTE ET QUARANTE

AVEC DESSIN

TABLEAU DU TRENTE & QUARANTE

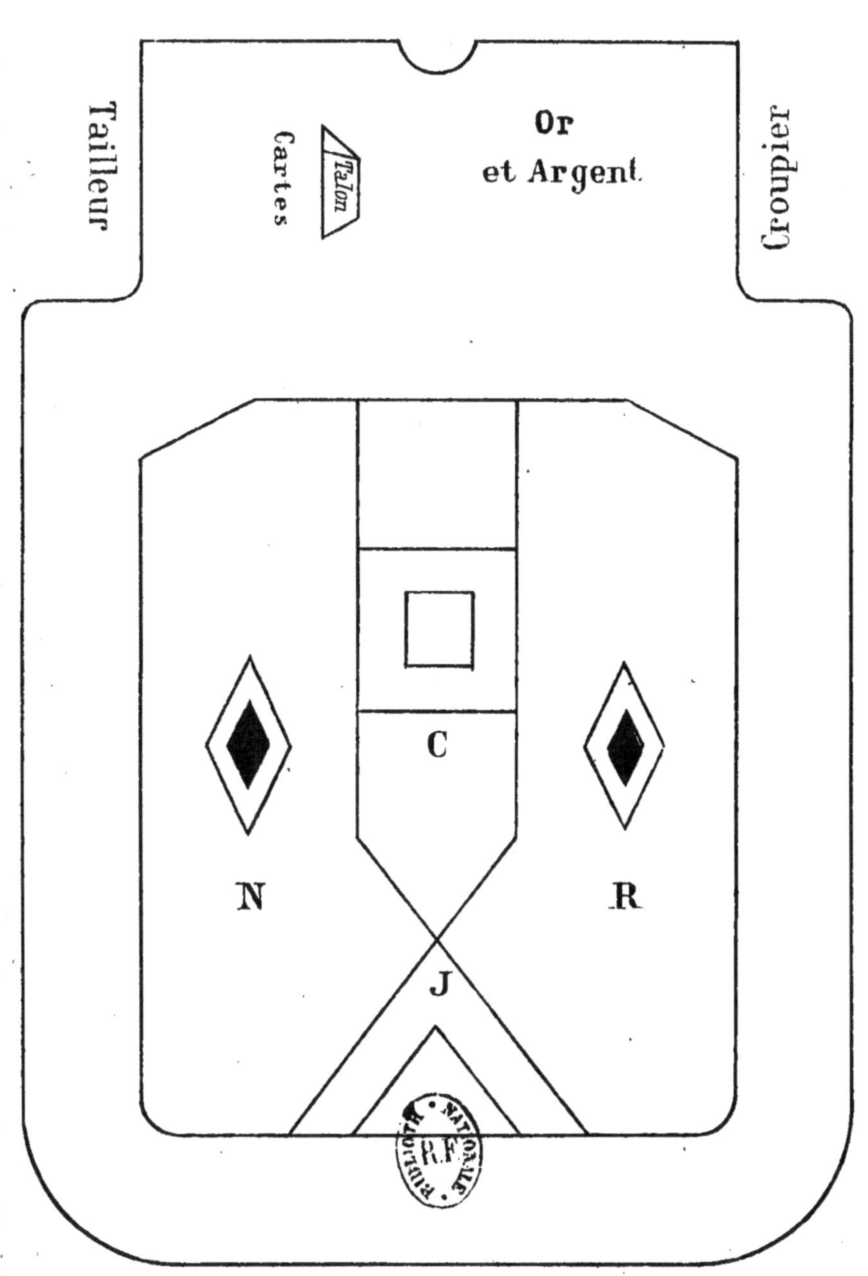

EXPLICATION

DU

TRENTE ET QUARANTE

La Table du Jeu

La table du trente et quarante dont nous donnons le dessin de la moitié, l'autre partie étant en tout semblable, est recouverte d'un tapis vert sur lequel sont tracés, dans les deux parties, les tableaux formant les diverses chances de ce jeu.

Le centre de la table est occupé par quatre employés dont l'un, celui qui tient les cartes, s'appelle le tailleur. — Devant les employés, au milieu de la table, se trouvent les fonds de la banque.

Les Cartes

On se sert pour combiner le jeu du trente et quarante de six jeux de cartes complets de 52 cartes — total 312 cartes (156 rouges et 156 noires) formant 2040 points.

Les six jeux réunis et mêlés ensemble forment une

taille. — La moyenne de chaque taille est de 26 coups.

Les points se comptent tels qu'ils sont marqués, l'as pour un, le 2 pour deux, etc., et les figures pour dix.

Les cartes comptées, mêlées et coupées sont placées au talon devant le tailleur.

Les Chances

Au trente et quarante il y a quatre chances :

Noir.................
Rouge.............. } grand tableau.

Couleur.............
et inverse........... } petit tableau.

Pour jouer à noir, on pose la mise sur le tableau indiqué noir.

Pour jouer à rouge, sur le tableau indiqué rouge.

Pour jouer à couleur, on pose la mise dans le carré tracé au milieu du tableau.

Pour jouer à l'inverse, dans le triangle formé au bas du tableau.

L'inverse est l'opposé de la couleur, comme rouge est l'opposé de noir.

Quand rouge gagne, noir perd ; quand couleur gagne, l'inverse perd, et ainsi de suite.

La banque encaisse les mises qui sont sur les chances qui ont perdu et paye celles qui sont sur les chances qui ont gagné

On paye une fois la mise, c'est-à-dire quand on a gagné on reçoit le montant de sa mise.

Règles du Jeu

ROUGE ET NOIR

Le tailleur décachète devant la galerie six jeux de cartes qui forment une taille, il les compte et les étale une à une et par rang sur la table ; puis, il les mêle, les réunit ensemble et fait couper le jeu par l'un des joueurs.

Cela fait, il prend une partie des cartes dans sa main gauche, place le reste au talon et il dit : « Messieurs faites le jeu » ; quand les mises sont faites, il dit : « le jeu est fait, rien ne va plus. »

Alors, il tire des cartes une à une qu'il place devant lui pour en former une première rangée jusqu'à ce qu'il se fasse un point qui dépasse 30. Le point de cette première rangée de cartes étant fait, — il tire d'autres cartes dont il fait une deuxième rangée jusqu'à ce qu'il se soit formé un autre point qui doit également dépasser 30.

Quand les deux points sont formés il annonce le point de la 1re rangée et celui de la 2me rangée.

Le point le plus près de 30 est celui qui gagne.

Le point de la première rangée de cartes est celui de la chance noir.

Le point de la deuxième rangée est celui de la chance rouge.

Le nombre de points de chaque rangée de cartes est toujours entre trente et quarante, il ne peut jamais être moins de 31 ni plus de 40.

Le premier point annoncé est toujours celui de la noire, le deuxième celui de la rouge.

En annonçant le point on suprime toujours les dizaines, on dit un pour trente et un, deux pour trente deux, etc, sauf quarante qui s'annonce : quarante.

Comme aussi on dit toujours rouge gagne ou rouge perd, couleur gagne ou couleur perd ; les mots noir et inverse ne sont jamais prononcés.

Couleur et Inverse

Pour les chances appelées couleur et inverse c'est la couleur de la première carte tirée — (celle de la première rangée de carte) qui combinée avec le point de la rangée gagnante indique le gain ou la perte au petit tableau.

Si cette première carte est de la couleur qui gagne au grand tableau, la couleur au petit tableau gagne aussi et l'inverse perd. — Mais si elle est de la couleur opposée, la couleur perd et l'inverse gagne.

Ainsi, si la première carte tirée est rouge et que la rouge gagne, la couleur gagne aussi, mais si elle est noire, la couleur perd.

De même, si la première carte tirée est noire et que noir gagne, la couleur gagne, mais si elle est rouge, la couleur perd.

EXEMPLES

La 1re carte tirée est rouge,
Le point de la noire est 3
Celui de la rouge 2.......... } rouge et couleur gagnent

La 1re carte tirée est noire
Le point de la noire est 7
Celui de la rouge 4.......... } Rouge gagne, couleur perd

La 1re carte tirée est rouge,
Le point de la noire est 5
Celui de la rouge 9.......... } Rouge et couleur perdent

La 1re carte tirée est noire
Le point de la noire est 6
Celui de la rouge 40.......... } Rouge perd, couleur gagne

Du Refait

Lorsque les deux rangées de cartes ont amené chacune le même nombre de points depuis 2 jusqu'à 40, le tailleur dit : 2, 2 après, ou 40 et 40 après, ou tout autre point entre ces deux, c'est alors égalité, il n'y a rien de fait, on recommence.

Mais lorsqu'il vient trente et un aux deux rangées, soit un et un après, alors c'est un refait, c'est le profit de la banque, toutes les mises perdent moitié ; — dans ce cas les enjeux sont mis en prison jusqu'au coup suivant.

Au coup suivant on enlève les mises qui sont sur les chances qui ont perdu et on ne paye pas celles qui ont gagné, elles sortent seulement de prison et on peut les retirer.

On peut si on le désire changer sa mise de chance mais en la laissant toujours en prison ; comme aussi on peut en demander le partage, en ce cas la banque en prend la moitié et le joueur la moitié.

La Prison

Les losanges au milieu des tableaux de rouge et de noir sont la prison de chacune de ces chances.

Le petit carré au milieu du tableau de la couleur est la prison de cette chance.

Les lignes de la base et de l'intérieur du triangle forment la prison de l'inverse.

Fin de la Taille

Quand les cartes sont épuisées c'est la fin de la taille, — le tailleur annonce le nombre de points qui reste et dit : « les cartes passent. »

On reprend les cartes qui ont été jetées après chaque coup dans un panier placé au centre de la table, les croupiers les mêlent et on recommence ; chaque taille dure environ vingt minutes.

Le refait complet tel qu'il existe actuellement à Monaco et Saxon paraît en moyenne tous les 38 coups.

EXPLICATION

DE

LA ROULETTE

AVEC

LES DESSINS

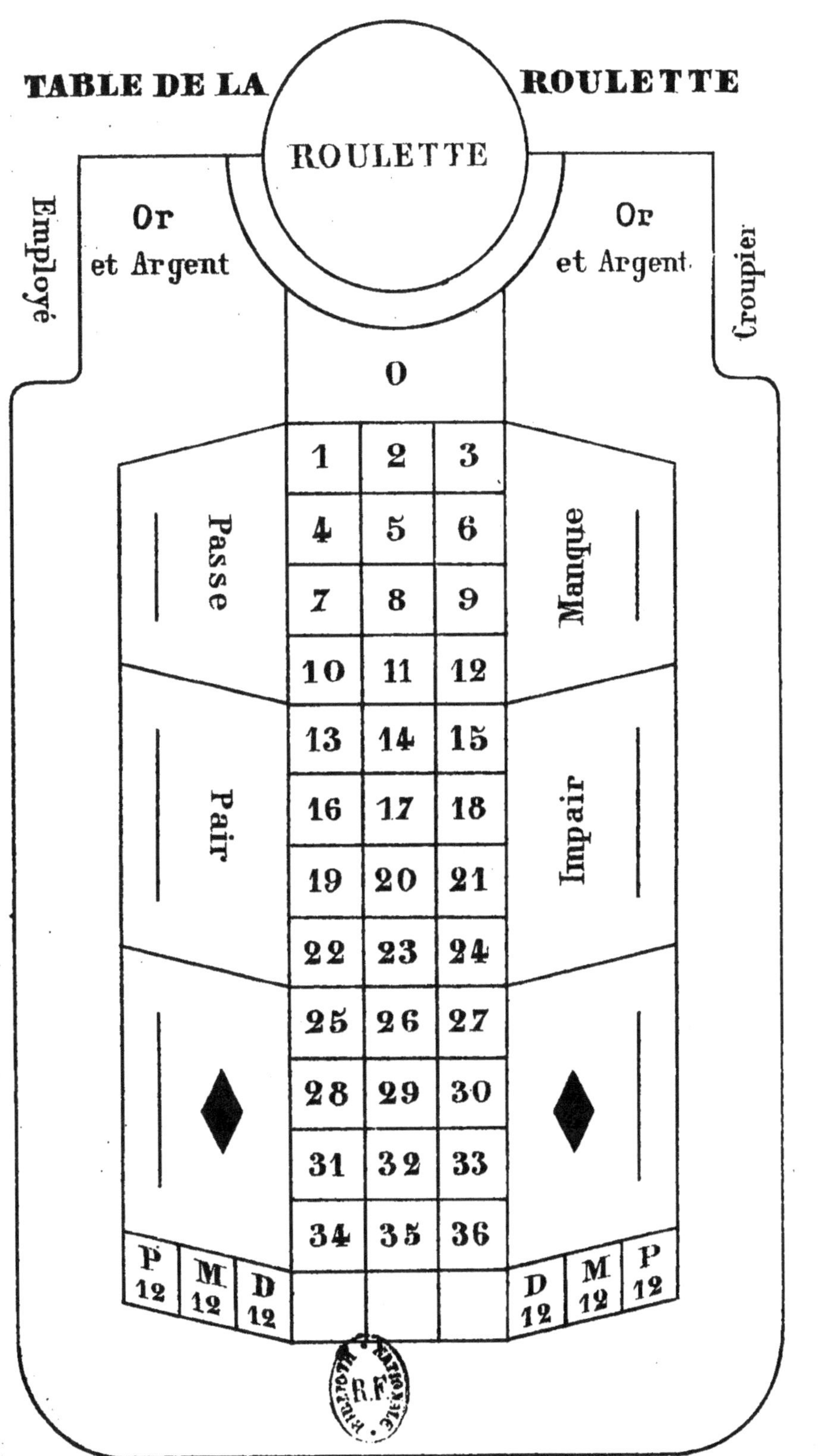

TABLE DE LA
ROULETTE
ROULETTE
Employé
Or
et Argent
Or
et Argent
Croupier
0
1 2 3
4 5 6
7 8 9
10 11 12
13 14 15
16 17 18
19 20 21
22 23 24
25 26 27
28 29 30
31 32 33
34 35 36
Passe
Pair
Manque
Impair
P 12
M 12
D 12
D 12
M 12
P 12

Désignation de la couleur des numéros

Rouge		Noir	
1	19	2	20
3	21	4	22
5	23	6	24
7	25	8	26
9	27	10	28
12	30	11	29
14	32	13	31
16	34	15	33
18	36	17	35

Dans la roulette à un zéro — le zéro n'a pas de couleur.

Dans la roulette à deux zéros — il y a le zéro rouge et le double zéro noir.

La couleur des numéros est la même dans l'une et l'autre roulette ; mais l'arrangement des numéros dans le cylindre est différent

Dans les numéros rouges il y a 10 impairs et 8 pairs. — Dans les numéros noirs il y a 8 impairs et 10 pairs.

Le cylindre de la roulette à un zéro a 37 cases ; celui de la roulette à deux zéros en a 38.

Le zéro rouge est impair et manque.

Le double zéro noir est pair et passe.

COMPOSITION DES COLONNES

DU TABLEAU DE LA ROULETTE

Dans la 1re *colonne composée des numéros*

1 — 4 — 7 — 10 — 13 — 16 — 19 — 22 — 25 — 28 — 31 et 34.

On trouve : 6 numéros rouges.

» 6 numéros noirs.

Dans la 2me *colonne composée des numéros*

2 — 5 — 8 — 11 — 14 — 17 — 20 — 23 — 26 -- 29 — 32 et 35.

On trouve : 4 numéros rouges.

» 8 numéros noirs.

Dans la 3me *colonne composée des numéros*

3 — 6 — 9 — 12 — 15 -- 18 — 21 — 24 — 27 — 30 — 33 et 36

On trouve : 8 numéros rouges.

» 4 numéros noirs

Les numéros pair et impair et passe et manque sont en nombre égal dans chacune des colonnes.

ROULETTE
à un zéro

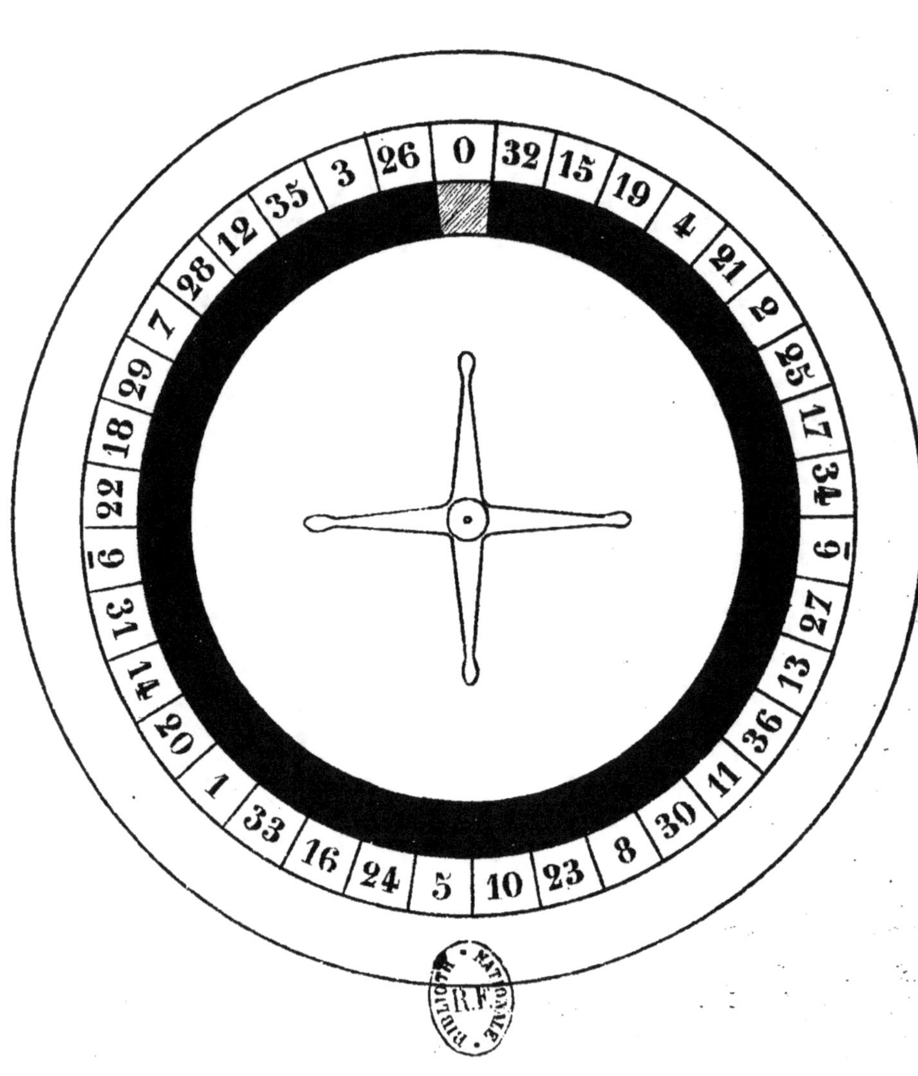

EXPLICATION

DE

LA ROULETTE

La Table

La table de la roulette recouverte d'un tapis vert est divisée en deux parties.

Au centre, dans une place circulaire, se trouve la roulette composée d'une partie fixe, contre les parois de laquelle on lance la bille, et d'un cylindre mobile.

Sur les deux parties de la table, en forme de tableaux, sont marqués les numéros disposés trois par trois, ainsi que la désignation des différentes chances de ce jeu.

Nous donnons le dessin d'un de ces tableaux, formant la moitié de la table, l'autre partie est absolument semblable.

Devant la roulette, au milieu de la table, se placent quatre employés ; ils ont devant eux les fonds de la banque dans des compartiments spéciaux.

Le Cylindre

Le cylindre de la roulette qui tourne sur un pivot est divisé en 37 compartiments, rouge et noir, et portent chacun un numéro de 1 à 36 — le 37me compartiment qui porte le zéro n'est ni rouge ni noir.

Il y a donc : 18 rouges et 18 noirs.... } plus
18 n^{os} pairs et 18 impairs. } un
18 manques et 18 passes.. } zéro

Les numéros de 1 à 18 sont manque et de 19 à 36 passe.

(Voir le déssin du Cylindre pour connaître la disposition des numéros.)

Les Chances

Le jeu de la roulette se compose de deux genres de chances, les chances simples et les chances multiples.

Il y a six chances simples qui sont :

Noir — Rouge
Pair — Impair
Passe — Manque

Chacune comprend 18 numéros.

Il y a sept chances multiples qui sont :

Les colonnes, comprenant..	12	numéros.
Les douzaines............	12	»
Les transv. simples de.....	6	»
Les carrés..............	4	»
Les transv. pleines de.....	3	»
Jouer à cheval...........	2	»
Et en plein.............	1	»

MANIÈRE DE JOUER LES DIFFÉRENTES CHANCES

Les chances simples

Quand on veut jouer sur une chance simple, on pose sa mise sur le tableau désignant la chance que l'on aura choisie ; supposons rouge, s'il sort un numéro rouge, on recevra une fois sa mise ; si au contraire il sort un numéro noir, qui est l'opposé de rouge, on aura perdu, et la mise sera enlevée.

Il en sera de même pour les autres chances pair et impair et passe et manque.

Les chances multiples

EN PLEIN

Pour jouer un numéro en plein, on pose la mise sur un des 37 numéros. — Si le numéro que l'on aura couvert sort, on aura gagné et on recevra 35 fois sa mise.

A CHEVAL

Quand on veut jouer à cheval, on choisit deux numéros qui soient l'un à côté de l'autre sur le tableau, et on pose la mise à cheval sur la ligne qui sépare les deux numéros. Si l'un des deux numéros sort, on reçoit dix-sept fois sa mise.

TRANSVERSALE PLEINE

Les 36 numéros étant disposés sur le tableau, en trois colonnes de 12 numéros chaque, les lignes transversales comprennent trois numéros. Donc, on joue une transversale pleine en posant la mise sur la ligne extérieure de trois numéros, soit en regard de trois numéros qui se suivent. S'il sort un de ces trois numéros, on reçoit onze fois la mise.

EN CARRÉ

Pour jouer un carré, on pose la mise au centre de deux lignes qui se croisent, de manière quelle porte sur les quatre numéros formant carré séparés par ces deux lignes entrecoupées. S'il sort un de ces quatre numéros, on reçoit huit fois la mise.

TRANSVERSALE SIMPLE

On joue une transversale simple quand on pose sa

mise de côté sur la ligne transversale qui sépare six numéros. S'il sort l'un de ces six numéros, on est payé cinq fois la mise.

LES DOUZAINES

Pour jouer les douzaines, soit 12 numéros, on pose la mise dans l'une des trois petites cases qui sont à droite et à gauche au-dessous des tableaux rouge et noir, et qui portent les lettres **P**, **M**, **D** , ce qui signifie :

P première douzaine , soit du numéro   1 à 12
M douzaine du milieu,   —   —   13 à 24
D dernière douzaine   —   —   25 à 36

S'il sort l'un des numéros de la douzaine jouée, on reçoit deux fois sa mise.

LES COLONNES

Les colonnes au nombre de trois sont composées de 12 numéros comme les douzaines, mais dans un ordre différent. La disposition des 36 numéros trois par trois donne la composition des numéros des colonnes.

La 1re colonne commence au numéro   1 à 34
La 2me col. ou du milieu   —   —   5 à 35
La 3me colonne   —   —   —   3 à 36

On pose la mise dans l'une des trois petites cases qui sont au-dessous des numéros 34, 35 et 36.

S'il sort l'un des numéros de la colonne jouée, on reçoit deux fois sa mise.

Combinaisons du zéro avec les trois premiers numéros

On joue aussi les 4 premiers qui font un carré en combinant le zéro avec les numéros 1, 2 et 3. Pour cela, on pose sa mise de côté au bout de la ligne qui sépare le zéro des trois premiers numéros. On est payé comme pour un carré, huit fois la mise s'il sort le zéro ou l'un des trois premiers numéros.

On joue aussi le zéro en transversale pleine avec les mêmes trois numéros de la première ligne. Dans ce cas, on pose la mise au centre des lignes qui séparent le zéro des numéros 1 et 2 ou 2 et 3. Si on gagne, on est payé onze fois la mise.

On joue encore le zéro à cheval avec les mêmes numéros 1, 2, 3, en posant la mise à cheval sur la ligne qui sépare le zéro de ces trois numéros S'il sort le zéro ou le numéro que l'on a pris à cheval avec lui, on reçoit dix-sept fois la mise.

Enfin, on peut jouer le zéro en plein en mettant la mise dans sa case et, s'il sort, on reçoit trente-cinq fois la mise.

Règles et usages de la Roulette

L'employé-tailleur annonce le jeu en disant : « Messieurs faites vos jeux, » en même temps il fait tourner le cylindre et lance la bille en sens inverse.

Pendant que le cylindre et la bille font leur mouvement de rotation on peut faire les mises.

A l'instant où la bille se heurte à l'un des obstacles placés dans la partie immobile de la roulette, ce qui annonce qu'elle va tomber dans l'une des cases, l'employé dit : « Rien ne va plus. » Dès lors il n'est plus accepté aucune mise, et quand la bille est tombée dans un des compartiments du cylindre, il annonce les chances qui ont gagné.

Supposons que la bille soit tombée dans la case portant le n° 5 il annonce ainsi : « Cinq, rouge, impair et manque. » — On enlève les mises qui sont sur les chances qui ont perdu et on paye celles qui ont gagné.

Dans ce cas, les chances qui ont gagné sont la rouge, impair, manque, la première douzaine, la colonne du milieu ainsi que toutes les mises qui touchent au n. 5 soit en plein, à cheval, en carré, en transversale ou autrement.

Cela fait on recommence. — Chaque opération dure environ une minute.

Le Zéro

Le zéro est ce qui constitue l'avantage de la banque ; — il parait en moyenne tous les 37 coups.

Quand la bille tombe dans la case du zéro, on dit simplement : « Zéro. » On enlève toutes les mises qui sont sur les chances multiples, sauf celles qui touchent au zéro ; celles-ci ont gagné et on les paye.

Celles qui sont sur les chances simples perdent seulement moitié, elles sont mises en prison jusqu'au coup suivant.

Au coup suivant, on enlève les mises qui se trouvent sur les chances qui ont perdu et on ne paye pas celles qui ont gagné, elles sortent seulement de prison et on peut les retirer.

On peut, si on le désire, changer sa mise de chance, mais en la laissant toujours en prison ; comme aussi on peut demander le partage, en ce cas la banque en prend la moitié et le joueur la moitié (1).

(1) Dans la roulette à deux zéros il y a le zéro rouge et le zéro noir.

Quand la bille tombe dans la case du zéro rouge, la banque encaisse les mises qui sont sur la noire, et ne paye pas celles qui sont sur la rouge.

De même quand la bille tombe dans la case du zéro noir, la banque encaisse les mises qui sont sur la rouge, et ne paye pas celles qui sont sur la noire.

ROULETTE
à deux zéros

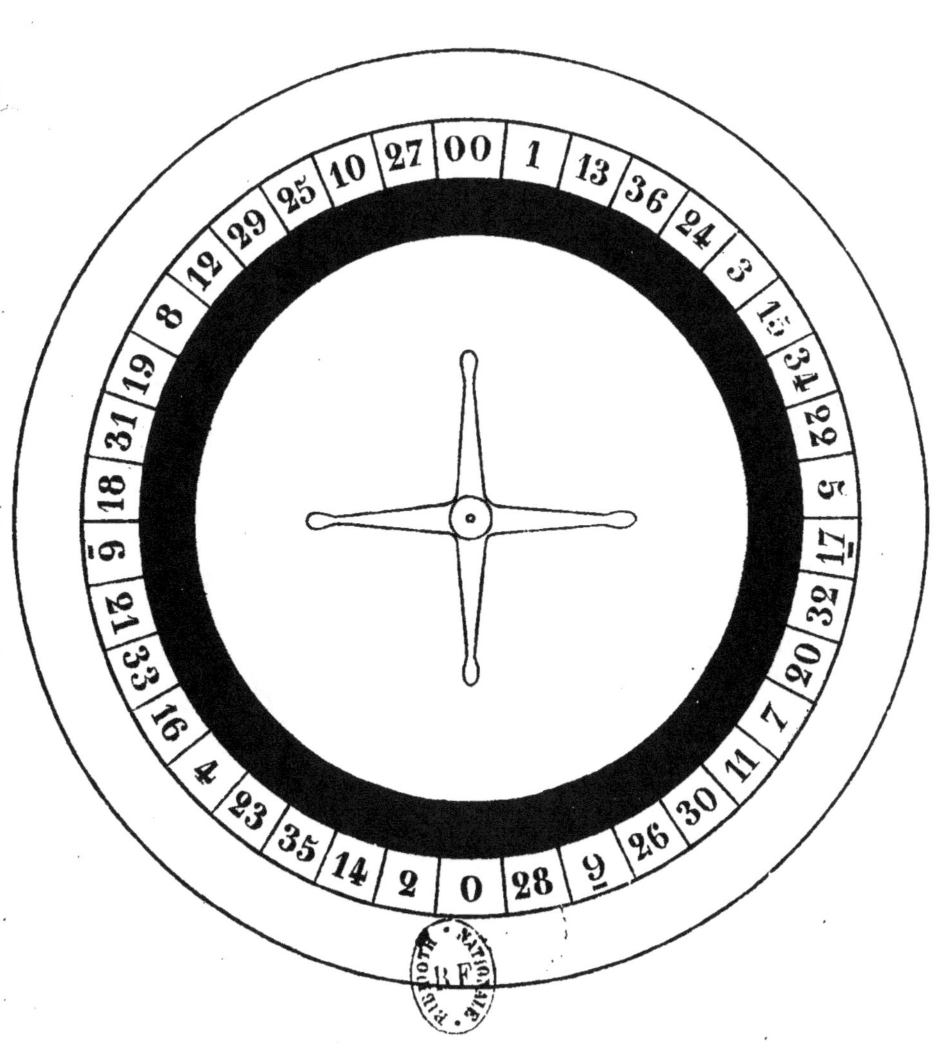
10 27 00 1 13 36
25 24
29 3
12 15
8 34
19 22
31 5
18 17
6 32
21 20
33 7
16 11
4 30
23 26
35 14 2 0 28 9

La Prison

La prison est désignée au tableau de chaque chance simple par une ligne tracée à l'intérieur de chaque tableau.

Payements

Les chances simples sont payées une fois la mise.

Le numéro plein est payé. . . .	35 fois la mise
— à cheval.	17 —
La transversale pleine.	11 —
Le carré	8 —
La transversale simple	5 —
La douzaine.	2 —
La colonne	2 —

Le Zéro est payé comme tout autre numéro.

On ne met donc pas en prison. — L'avantage de la banque est double. — La moyenne de sortie du zéro étant de 1 sur 19 au lieu de 1 sur 37.

Quand on joue les 2 zéros avec les numéros 1, 2 et 3 — on joue alors les cinq premiers — et on est payé six fois la mise.

Pour toutes les autres combinaisons et payements, le jeu est le même à l'une ou l'autre roulette.

MOYENNE DE SORTIE DES COUPS

AU

TRENTE ET QUARANTE

ET

AUX CHANCES SIMPLES DE LA ROULETTE

MOYENNE DE SORTIE DES COUPS
et Formation des Coups en Figures
au TRENTE et QUARANTE et aux Chances simples
de LA ROULETTE

Le coup de	vient tous les	coups.
1		2
2		4
3		8
4		16
5		32
6		64
7		128
8		256
9		512
10		1.024
11		2.048
12		4.096
13		8.192
14		16.384
15		32.768
16		65.536
17		131.072
18		262.144
19		524.288
20		1.048.576
21		2.097.152
22		4.194.304
23		8.388.608
24		16.777.216
25		33.554.432
26		67.108.864
27		134.217.728

Chaque coup forme autant de figures que les coups ci-dessus,
c'est-à-dire qu'avec le coup de 1 on fait deux figures : 1 rouge et
1 noire ; avec le coup de 2 on en fait quatre, et ainsi de suite. C'est
ce qu'on appelle la décomposition des coups.

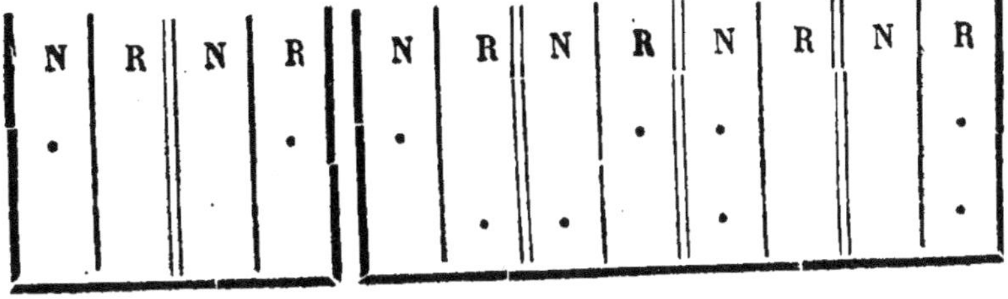

MOYEN PRATIQUE POUR GAGNER

AU

TRENTE ET QUARANTE

ET

A LA ROULETTE

MOYEN PRATIQUE

POUR GAGNER PLUS DE 200.000 Fr. DANS UN AN

JEU DE SPÉCULATION

AU TRENTE & QUARANTE & A LA ROULETTE

Capital d'attaque : **MILLE FRANCS**

NOTICE

En mettant en pratique le système que nous allons indiquer, et dont le principal mérite est d'exposer peu pour gagner beaucoup, il ne faut pas oublier que dans une spéculation de ce genre, le capital, la conduite et la persévérance constituent les principaux éléments de succès.

Tout spéculateur qui aura assez de sang froid, de calme et de ferme volonté pour pouvoir continuer cette opération sans broncher, sans dévier, sans se laisser rebuter ni décourager par les écarts qu'il pourra rencontrer, sera certain de réussir tôt ou tard ; si ce n'est avec le premier capital d'attaque, ce sera avec le second, le troisième ou le quatrième au plus.

En continuant avec constance il sera dans les mêmes conditions de réussite que la banque qui, elle, malgré ses écarts et parfois ses sauts, finit toujours par réaliser un certain bénéfice à la fin de l'année. — Il en sera de même pour le spéculateur qui continuera ce jeu avec confiance et persévérance.

Du reste, en lisant attentivement l'explication qui va suivre et en se rendant bien compte des calculs établis, on comprendra facilement l'avantage qui résulte de cette combinaison de massage, et dont voici la preuve :

Supposons que l'on ait dix jours de déveine consécutifs, on aura perdu cent francs chaque jour soit en tout mille francs.

Maintenant supposons au contraire dix jours de veine (et il est logique de les admettre si nous admettons dix jours de déveine, puisque tout s'équilibre dans la vie, même le bonheur et le malheur,) on aura gagné, avec notre système, en exposant la même somme et dans le même laps de temps, plus de deux mille francs, ce qui constitue bien un avantage réel de plus de cent pour cent en faveur de notre combinaison ; il suffit donc de suivre exactement cette méthode pour gagner infailliblement.

Voir ci-après les tableaux, l'explication et le résultat prouvés par le calcul.

Tableau N⁰ 1

JEU A MASSES-ÉGALES, EN BOULE DE NEIGE

POUR JOUER

AU TRENTE & QUARANTE

OU

A LA ROULETTE

Un capital de 100 francs produit en 10 jours 2460 francs de bénéfice.

SÉANCES.	CAPITAL.	DIVISÉ par	MISES.	MULTIPLIÉ par	BÉNÉFICE.	RÉSERVE.
1	100	20	5	4	20	—
2	120	—	6	—	24	4
3	140	—	7	—	28	8
4	160	—	8	—	32	12
5	180	—	9	—	36	16
6	200	—	10	—	40	—
7	240	—	12	—	48	8
8	280	—	14	—	56	16
9	320	—	16	—	64	4
10	380	—	19	—	76	16
11	440	—	22	—	88	8
12	520	—	26	—	104	24
13	600	—	30	—	120	20
14	700	—	35	—	140	20
15	820	—	41	—	164	24
16	960	—	48	—	192	12
17	1140	—	57	—	228	28
18	1360	—	68	—	272	12
19	1620	—	81	—	324	24
20	1920	—	96	—	384	4
	2300					260

20 Séances. — Gain, 4 Mises par Séance
2 Seances par jour.

Tableau No 2

JEU A MASSES-ÉGALES, EN BOULE DE NEIGE

POUR JOUER

AU TRENTE & QUARANTE OU A LA ROULETTE

Aux mises augmentées par unité de 5 fr.

Capital exposé : 100 francs divisé en 20 mises de 5 francs

lequel produit en dix jours, 2000 fr. de bénéfice environ.

SÉANCES.	CAPITAL.	MISES en francs.	MISES A GAGNER par séance.	GAIN en francs.	RÉSERVE.
1	100	5	4	20	—
2	—	5	4	20	—
3	—	5	4	20	—
4	—	5	4	20	—
5	—	5	4	20	—
6	200	10	4	40	—
7	—	10	4	40	—
8	—	10	4	40	20
9	300	15	4	60	—
10	—	15	4	60	20
11	400	20	4	80	—
12	—	20	4	80	60
13	500	25	4	100	—
14	600	30	4	120	20
15	700	35	4	140	40
16	800	40	4	160	60
17	900	45	4	180	80
18	1000	50	2	100	—
18	1100	55	2	110	10
19	1200	60	2	120	20
19	1300	65	2	130	30
20	1400	70	2	140	40
20	1500	75	2	150	—
	1650				400

20 Séances. — Gain, 4 Mises par Séance

2 Séances par jour

EXPLICATION

Il faut, au début, dix capitaux de cent francs, soit mille francs.

On commence avec un capital de cent francs, que l'on divise par vingt, ce qui donne vingt mises de 5 fr. à jouer. (Voir au tableau N° 1 la première séance.)

On joue donc la première séance à la mise de 5 francs à masse égale, sans paroli ni progression, toujours 5 francs, jusqu'à ce que l'on ait quatre pièces de bénéfice, soit vingt francs, et l'on se retire aussitôt.

On ajoute, ces vingt francs gagnés au capital de cent francs, ce qui le porte à cent vingt francs, — ce qui fait vingt mises de six francs. On joue alors la deuxième séance à la mise de six francs, toujours à masse-égale, et on se retire de même quand on a quatre mises de bénéfices, soit 24 francs.

On met en réserve la fraction en plus de vingt, soit les quatre francs qui serviront à l'amortissement du capital, et on ajoute les 20 fr. au capital de 120, ce qui le porte à 140, soit vingt mises de 7 fr., et on joue la troisième séance à la mise de 7 fr. toujours à masse ou mise égale.

On se retire de même quand on a quatre mises de bénéfice que l'on ajoute toujours au capital, moins les fractions de vingts que l'on met en réserve, et on continue ainsi l'opération jusqu'à la vingtième séance, ainsi que l'indique le tableau.

En résumé, après chaque séance, on ajoute son gain au capital, qui, ainsi augmenté et étant toujours divisé par 20, donne chaque fois des mises ou masses plus fortes à jouer à la séance suivante — c'est ce qu'on appelle faire boule de neige.

Si dans une séance on perd ses vingt mises, sans pouvoir arriver à gagner ses quatre pièces, alors on a sauté de son premier capital de cent francs, moins les réserves ; — alors on recommence avec un second capital de cent francs, avec lequel on opère de même, et ainsi de suite.

On fait au moins deux séances par jour, une le matin et une le soir. — Donc en gagnant quatre masses progressives par séance pendant dix jours, le capital primitif de cent francs aura atteint le chiffre :

De F..... 2300 — d'une part
Plus. ... 260 — colonne de réserve

Total.. . 2560 — (Voir le tableau N° 1

Soit bénéfice net. 2460 — déduction faite du capital de 100 fr. avec lequel on a attaqué.

Voilà donc le résultat obtenu en dix jours ainsi que l'indique le tableau, mais comme on sautera quelque fois, il convient de calculer tout au pire.

Supposons donc qu'ayant commencé avec dix capitaux de cent francs et avec la ferme volonté d'aller jusqu'au bout, il arrive ce qui suit :

On ne réussira que,   (En chiffre rond.
Une fois sur cinq..........gain 2400
Quatre sauts à déduire...... 400

Reste bénéfice net.........   2000
Une fois sur six........... id. 2400
Cinq sauts à déduire........ 500

Reste bénéfice net.........   1900
Une fois sur sept..........id. 2400
Six sauts à déduire......... 600

Reste bénéfice net.........   1800

Une fois sur huit..........id.   2400
Sept sauts à déduire........   700

Reste bénéfice net........   1700
Une fois sur neuf..........id.   2400
Huit sauts à déduire........   800

Reste bénéfice net..........   1600
Une fois sur dix...........id.   2400
Neuf sauts à déduire........   900

Reste bénéfice net............   1500

Il reste en outre la colonne de réserve destinée à amortir tout ou partie du capital primitif selon le moment du saut, car on ne peut admettre que le saut viendra toujours à la 1re mise ; il arrivera donc souvent qu'ensautant on aura sauvé une partie ou la totalité du capital, et même quelquefois il restera encore un certain bénéfice.

Donc, dans le cas où l'on perdrait les dix attaques, ce qui est assez difficile, on n'aurait encore perdu qu'une partie d'un capital minime par rapport aux résultats que l'on peut obtenir.

Car admettons aussi, — ce qui est très possible, — que l'on réussisse à la première attaque — on aura dans ce cas tout de suite 2400 fr. de bénéfice, que l'on pourra diviser alors en douze capitaux de 200 fr. chacun pour attaquer à la mise de 10 fr., et ensuite, après un autre bénéfice, à la mise de 20 fr. et ainsi de suite en montant toujours.

On peut de cette manière arriver à des sommes considérables, tout en se réservant toujours, avant chaque nouvelle attaque, une grande partie du bénéfice acquis.

Voici maintenant le bénéfice probable en un mois, six mois et une année, sans aller au-delà de l'attaque qui débute par la pièce de vingt francs.

Bénéfice probable en un mois

1re attaq. à 5^{fr} cap 100^{fr} produit 2460 en dix jours
2me id. à 10 id. 200   id. 4920   id.
3me id. à 20 id. 400   id. 9840   id.

TOTAL....... 17220 en 30 jours

Et en admettant que l'on saute
     neuf fois sur dix — soit
     de F............................ 6300

Il reste encore bénéf. net F. 10920 pour un mois

Gain en six mois

Maintenant, si on continue l'opération encore pendant cinq mois en restant à l'attaque de 20 fr., on aura chaque dix jours 9840ᶠ soit en un mois 29520ᶠʳ soit :

pour cinq mois..... 147,600

    En y ajoutant..... 17,220 produit du 1ᵉʳ mois

On arrive à...... 164,820 pour les six mois.

Et en admettant que l'on saute neuf fois sur dix, on aura donc à déduire neuf fois 400 soit 3600 pour dix jours, 10,800 pour chaque mois, soit 54,000 pour les cinq mois, plus 6300 pour le 1ᵉʳ mois, total 60,300.

    Donc de............... 164,820

    Otez.................. 60,300

    Reste............... 104,520 de bénéfice au minimum pour six mois.

Produit en une année

MINIMUM

(en chiffre rond)

1ᵉʳ mois........................... Fr. 10,000

Les autres 11 mois 18,000ᶠʳ par mois. Fr. 198,000

    Total pour un an.......... Fr. 208,000

CONCLUSION

D'après la marche du massage et les calculs démontrant les probabilités de gain, on peut se rendre parfaitement compte de la valeur de cette combinaison, dont le principal mérite est en résumé d'exposer peu pour gagner beaucoup comme nous l'avons dit en commençant, et dont la prudence assure le succès.

Il ne faut pas se dissimuler que son exécution exige beaucoup de patience ; il faut être doué d'un grand calme pour résister à sa monotonie, mais on ne gagne pas toujours de l'argent en s'amusant ; on sait le contraire.

Maintenant, quant à la marche de l'attaque, comme la plus simple vaut tout autant que la plus compliquée puisque tous les coups finissent à la longue par s'équilibrer, le mieux est d'adopter une couleur, rouge ou noir et de jouer toujours la même, — on s'épargnera de cette manière, beaucoup de soucis, de travail et de déceptions, et le résultat sera le même.

Si on le préfère, on pourra aussi jouer la gagnante à chaque coup ; soit la couleur sortante ; ce sera tout aussi facile, tout aussi simple et tout aussi bien. Toutes les attaques compliquées de figures ne sont que des utopies.

En résumé, il résulte de tous ces calculs que, avec un capital de mille à quatre mille francs, on peut gagner de 1500^{fr} à 2400^{fr} en dix jours,— de 10,000^f à 17,000^{fr} en un mois— de 104,000 à 160,000 en six mois — enfin de 208,000, à 320,000 francs en une année.

Nota. — Dans les banques où l'on n'accepte que les mises augmentées par unité de cinq francs, sans autres fractions, on jouera à la mise de cinq francs jusqu'à ce que le capital de cent francs soit doublé, c'est-à-dire jusqu'à ce que l'on ait gagné vingt pièces — alors on jouera à la mise de dix francs ; puis, après cent autres francs de gain soit dix pièces, à la mise de quinze francs et ainsi de suite. — Ce qui revient à dire que la mise doit être augmentée de cinq francs, par chaque cent francs de gain. (Voir le tableau n° 2)

Pour tout le reste, la combinaison est la même.

Quand on aura deux mille francs de bénéfice, on recommencera l'opération en partant de la mise de dix francs. — Après un autre bénéfice, on attaquera à quinze francs, puis à vingt francs. — Arrivé à ce dernier chiffre, il sera prudent de rester à cette mise d'attaque pour les opérations suivantes ainsi qu'il est dit plus haut.

(Voir le tableau n° 2 pour les mises augmentées par unité de cinq francs.)

EN RÉSUMÉ

Cette combinaison se divise en quatre opérations de vingt séances chacunes.

La 1re opération com. par la mise de   5 fr. (voir le tableau)
La 2me »   »   »   10 »
La 3me »   »   »   15 »
La 4me »   »   »   20 »

On recommence à la même mise d'attaque chacune de ces opérations si l'on saute, c'est-à-dire si l'on a perdu ses vingt mises.

On ne passe à l'opération suivante que quand on a réussi l'opération en cours d'exécution, c'est-à-dire quand on a gagné ses quatre mises par séance, pendant vingt séances.

La réussite de la 1re opération donne pour résultat un bénéfice net de Fr. 2000 (en chiffre rond).
       Celle de la 2^{ne} 4000
         »   3me 6000
         »   4me 8000

    Total..... F. 20000

On peut facilement faire ces quatre opérations en un mois.

Une fois ces quatre opérations réussies, on continue à l'attaque de la mise de 20 fr. (4me opération capital exposé 400 f.) et comme on peut réussir quatre attaques en un mois, on gagnera 30,000^{fr} par mois, et cela en n'exposant à chaque attaque et par jour que quatre cents francs de son capital.

Dès lors, il est facile de comprendre qu'une fois les quatre premières opérations réussies, on ne pourra plus reprendre le capital gagné, par la raison que tôt ou tard à un moment donné il arrivera toujours une nouvelle réussite qui produira un nouveau gain. Il n'y a qu'à continuer avec confiance.

RÉSULTAT DÉFINITIF

De la combinaison et des calculs qui précèdent, il ressort clairement que l'on pourrait sans crainte entreprendre collectivement une opération financière contre les banques de jeux, et en prédire la ruine d'une manière certaine.

Supposons en effet une association de dix opérateurs disposant d'un capital collectif de quarante mille francs, et attaquant ensemble une banque en jouant séparément et simultanément ce même système sur les diverses chances du trente et quarante et de la roulette. — Il est démontré d'une manière évidente, par les calculs ci-dessus, qu'au bout de l'année le résultat certain serait un gain de plus de deux millions au profit de cette association: — C'est à-dire la ruine des banques.

Le moyen de gagner est donc indiqué, il ne s'agit plus que de le mettre en pratique en formant une société financière qui serait une sorte de contre-banque invincible.

C'est là la seule méthode redoutable pour les banques de jeux.

L'auteur se met à la disposition des personnes qui voudraient entreprendre cette opération. — Ecrire à l'imprimerie.

www.ingramcontent.com/pod-product-compliance
Lightning Source LLC
LaVergne TN
LVHW021139200726
843510LV00001B/167